Corinna Wodarz

Traumhaft schönes Weserbergland

Wartberg Verlag

Bildnachweis:
Die im Buch verwandten Fotografien stammen bis auf die folgenden Ausnahmen sämtlich von der Autorin:
Roland Beith, Höxter: S. 51; Sigurd Elert, Höxter: S. 23 u.; Dr. Kurt Gilde, Rinteln: S. 66, S. 67 l. u.; Werner Krüper, Bad Oeynhausen: S. 74, S. 75 o.; Lemgo Marketing: S. 63; Dechenverein e. V. u. Lügde Marketing e. V.: S. 53 u.; Michael Scholz, Bad Oeynhausen: S. 75 u.; Nina Sieg, Höxter: S. 68; Stadt Bodenwerder: S. 47 o.; Staatsbad Bad Salzuflen GmbH: S. 64, S. 65; Christine Zettlach, Höxter: S. 14, S. 22, S. 31 o., S. 34 o., S. 35, S. 39 o., S. 76 u.

1. Auflage 2010

Lektorat: Michael Müller, Bielefeld
Satz und Layout: Designbüro Gerald Halstenberg, Berlin
Druck: Bernecker MediaWare AG, Melsungen
Buchbinderische Verarbeitung: Buchbinderei Büge, Celle

34281 Gudensberg-Gleichen, Im Wiesental 1
Telefon: 0 56 03 - 9 30 50
www.wartberg-verlag.de
ISBN 978-3-8313-2307-4

Das Weserbergland

In der geografischen Mitte des Landes gelegen, gehört das Weserbergland zu den beliebtesten Urlaubsregionen Deutschlands. Dies liegt gleichermaßen an der abwechslungsreichen Landschaft wie an dem historischen Kulturgut und dem hohen Freizeitwert in allen Jahreszeiten.

Das Weserbergland erstreckt sich von Hannoversch Münden im Süden, wo die Weser durch den Zusammenfluss von Fulda und Werra entsteht, bis nach Minden und zur Porta Westfalica 200 km weiter im Norden. Charakteristisch ist die Nähe zum Fluss, der in weiten, ruhigen Schleifen durch das von Bergen gesäumte Flusstal mäandert. Für große Schifffahrt ist die Oberweser nicht geeignet, und die wichtigen Fernstraßen wurden in den letzten dreihundert Jahren – bedingt durch die bis zu 500 Meter hohen, zumeist bewaldeten Berge – um die Region herumgeführt. So haben die Landschaften und Orte viel von ihrem ursprünglichen Charme bewahrt. Solling, Vogler, Bramwald und Reinhardswald sind nur einige der Wälder, die die Region prägen. Neben dem besonderen Naturerlebnis wartet das Weserbergland auch als Kulturregion mit zahlreichen Eigenheiten und Besonderheiten auf.

Eine erste Blüte erfuhr das Weserbergland im frühen Mittelalter, als vom Kloster Corvey aus der Norden Deutschlands und Skandinavien missioniert wurden. Wohlhabend wurde die Region in dieser Zeit durch den Fernhandel. Der von Aachen bis Goslar reichende Hellweg querte die Region in Ost-West-Richtung, die Weser bot darüber hinaus einen günstigen Verkehrsweg von Norden nach Süden. Der Fernhandel führte früher als in anderen Regionen zum Austausch mit den neuesten Strömungen der Kultur und des Wissens in ganz Europa, vor allem mit den damaligen Zentren Prag und Italien.

Die Lage am Fluss machte viele Städte des Weserberglands durch Handel und Stapelrechte im 15. und 16. Jahrhundert reich. Ausdruck dieses Reichtums ist bis heute die charakteristische Architektur. Mit dem nach italienischem Vorbild gestalteten typischen Weserrenaissancestil erlebte das Weserbergland seine Blütezeit nach der Reformation zwischen etwa 1520 und 1620 im Fachwerk-, aber auch im Steinbau. Die wirtschaftliche Blüte endete mit dem Dreißigjährigen Krieg, der die Region verarmt zurückließ. In der Folge wurde die Landwirtschaft zum bestimmenden Wirtschaftsfaktor.

Heute ist das touristisch bestens erschlossene Weserbergland ein beliebtes Reiseziel. Das günstige Klima, die saubere Luft und das reiche Vorkommen von Mineral- und Thermalquellen ließen zahlreiche Heilbäder und Kurorte entstehen. Jeder Ort bietet einen romantischen Ortskern mit Fachwerkhäusern. Dazu gibt es trutzige Burgruinen und prächtige Schlösser, die – zumeist aus dem typischen roten und gelben Sandstein der Region erbaut – über dem Fluss thronen und verraten, dass es in diesem Landstrich nicht immer so friedlich zuging wie heute. Angesichts der Geschichte dieser Region ist es nicht verwunderlich, dass hier mit dem Rattenfänger von Hameln und dem Baron Münchhausen zwei weltbekannte Figuren aus der Welt der Sagen und Märchen zuhause sind. Die Deutsche Märchenstraße durchzieht das Weserbergland ebenso wie die Alleenstraße und die Straße der Weserrenaissance. Mit etwas Glück trifft man zwischen Fachwerkhäusern und auf Burgruinen auf einige der bekanntesten Gestalten aus den Märchen der Brüder Grimm.

Hannoversch Münden

„Wo Fulda und Werra sich küssen, sie ihren Namen lassen müssen“ sagt ein alter Reim. Die Stelle des Zusammenflusses in Hannoversch Münden, an dem die Weser entsteht, ist ein vielbesuchter und häufig fotografierter Ort am südlichsten Ende des Weserberglandes.

Hann. Münden, wie man gemeinhin sagt, ist die südlichste Stadt des Weserberglandes. Münden erhielt schon 1247 das begehrte Stapelrecht, ein Privileg, das Geld, Waren und Reichtum mit sich brachte, weil jeder vorbeireisende Händler seine Waren drei Tage in der Stadt anbieten musste. Die ortsansässigen Händler konnten die besten Stücke erstehen und mit gutem Gewinn weiterverkaufen.

Der ehemalige Reichtum zeigt sich heute noch in den mehr als vierhundert erhaltenen Fachwerkhäusern, dem Schloss und dem prächtigen Rathaus im Stil der Weserrenaissance. Von Mai bis Anfang Oktober gibt es täglich Dampferrundfahrten. Einmal im Monat lädt ein historischer Raddampfer zur Fahrt bis nach Holzminden ein.

Das imposante lachsfarbene Welfenschloss thront etwas oberhalb der Fulda, einige Hundert Meter bevor sie sich mit der Werra zur Weser vereinigt. Das Schloss wurde 1560 im Stil der frühen Weserrenaissance als Residenz und Verwaltungssitz an der Stelle eines abgebrannten Vorgängerbaus errichtet. Im Inneren haben sich zwei Renaissanceräume mit flächendeckenden Wandmalereien erhalten. Das Städtische Museum darin entstand bereits 1898 und ist damit eines der ältesten Museen in Niedersachsen.

Ein beliebtes Hobby an der Oberweser: das Angeln.

Einmal im Jahr, wenn Ende April die Dampfer der „Flotte Weser" ihre Fahrt aufnehmen, treffen sich am Wochenende über einhundert bekannte Märchenfiguren und feiern mit den ersten Fahrgästen den Beginn der neuen Saison. Jedes Jahr dabei sind der Hamelner Rattenfänger, die Bremer Stadtmusikanten und der Baron von Münchhausen höchstselbst. Aber auch Dornröschen und ihr Prinz, Aschenputtel und viele andere weltberühmte Figuren aus den Grimm'schen Märchen geben sich die Ehre. Auf den Dampfern der „Flotte Weser" fährt man vorbei an Schlössern und idyllisch am Ufer gelegenen Fachwerkstädtchen. Dazu gibt es Berge, Wälder und ab und zu einen Reiher, der, als wäre er dazu abgerichtet, die Dampfer neugierig ein Stück ihres Weges begleitet.

Die Altstadt von Hann. Münden ist frei von den Abriss- und Bausünden der Nachkriegszeit, was sie besonders reizvoll macht. Es gibt noch die engen, verwunschenen Winkel, in denen die Zeit stehengeblieben zu sein scheint.

Rund um den Markt mit dem Rathaus hat sich ein bemerkenswert geschlossenes Bild der frühneuzeitlichen Bebauung erhalten. Während man gemütlich einen Kaffee trinkt oder durch die alten Straßen wandert, fühlt sich auch derjenige, der dafür sonst nicht empfänglich ist, leicht in eine andere Zeit versetzt. Liebhaber fleischhaltiger Speisen sollten nicht am „Blutwurstritter“ vorbeigehen, der für seine Wurst zu Recht eine ganze Reihe internationaler Auszeichnungen vorweisen kann.

Der einstige Reichtum der Stadt spricht nicht nur aus den Fassaden der Häuser rund um den Marktplatz und in den angrenzenden Straßen. Vor allem das großartige Rathaus mit seiner Freitreppe, dem Portal und dem großen Erker beweist den Kunst- und Repräsentationssinn der Bewohner in der Zeit der Renaissance. Zwischen 1603 bis 1618 erbaut, wird das Gebäude bis heute als Rathaus genutzt. Täglich um 12, 15 und 17 Uhr spielt das Glockenspiel mit Figurenumlauf. Es zeigt den barocken Arzt Dr. Johann Andreas Eisenbart beim Extrahieren eines Zahns. Vor seinem Tod 1727 zog der berühmte Chirurg mit seinem Gefolge von Stadt zu Stadt und behandelte auf den Marktplätzen mit viel Showprogramm die Kranken. Begraben ist Dr. Eisenbart in der Aegidienkirche in Hann. Münden.

Neben dem prächtigen Portal des Rathauses befindet sich noch heute die Elle, die alte Maßeinheit. An ihr konnten in früherer Zeit Händler wie Käufer das rechte Maß überprüfen.

Abenddämmerung an der Weser bei Fürstenberg.

Die Deutsche Märchenstraße gehört zu den ältesten Ferienstraßen Deutschlands. Sie beginnt in Hanau und endet nach 600 km in Bremen, und ein gutes Stück der Strecke führt durch das Weserbergland, zu den Lebensstationen der Brüder Grimm und den Orten und Landschaften, in denen ihre Märchen beheimatet sind.

Sababurg

Im Reinhardswald haben die Brüder Grimm viele ihrer berühmten Märchen gesammelt, die 1812 zuerst veröffentlicht, ab 1825 in der „Kleinen Ausgabe" für Kinder ein Welterfolg wurden. Am Rande des Reinhardswalds liegt die malerische Ruine der Sababurg, die heute zum weiteren Stadtgebiet von Hofgeismar gehört. Sie wurde ursprünglich zum Schutz der Pilger des benachbarten Wallfahrtsortes Gottsbüren gebaut, wo 1330 der unverweste Leichnam Jesu gefunden worden sein soll. Als schon bald der zunächst mächtige Pilgerstrom versiegte, verfiel auch die Burg. 1490 wurde auf ihren Resten ein prächtiges Jagdschloss errichtet, das dreihundert Jahre lang Schauplatz rauschender Feste war, bis es Anfang des 19. Jahrhunderts zu verfallen begann. Der Verfall nahm sich so malerisch aus, dass es bald hieß, hier sei Dornröschen in seinen hundertjährigen Schlaf gefallen. Noch heute kann man ihm und seinem Prinzen an Sommersonntagen begegnen. Zu Füßen der Burg liegt der älteste, seit 1571 existierende Tierpark Europas. Seit 1972 werden hier wieder rund sechshundert einheimische Tiere gezeigt.

Reinhardswald

Im Reinhardswald nördlich von Kassel warten viele verwunschene Winkel und Naturschönheiten auf die Besucher. Besonders eindrucksvoll sind gestürzte Baumriesen wie dieser, der sich trotzig gegen den völligen Verfall wehrt.

Ein besonderes Kleinod des Reinhardswaldes ist der sogenannte Urwald. Ihm verdankt der Reinhardswald den Titel „Schatzhaus Europäischer Wälder". Aus einem alten Hutewald entstand Deutschlands erstes Waldnaturschutzgebiet. Imposante, bis zu tausend Jahre alte Eichen haben sich hier erhalten. Hier stehen und liegen mächtige Baumriesen, es gedeihen Pilze und meterhohe Farne. Der Spaziergänger scheint nur einen Schritt von der Märchenwelt der Brüder Grimm entfernt zu sein. Kein Wunder, dass der Urwald das meistfotografierte Waldstück Deutschlands ist.

Kloster Bursfelde

Die Stiftskirche von Bursfelde ist in jeder Hinsicht ungewöhnlich. Sie steht allein und dominant am Weserufer. 1093 wurde sie als Grablege der Grafen von Northeim gestiftet, zu deren Besitz damals vierzig Dörfer gehörten. Im 15. Jahrhundert war die hier beheimatete Bursfelder Kongregation das Zentrum klösterlicher Reformbewegungen, die in ganz Europa Einfluss hatten. Mit der Reformation begann der Niedergang des Klosters, von dem heute nur noch die Kirche steht. Im Inneren finden sich weitere Besonderheiten, denn die romanische Kirche ist unterteilt in eine Ost- und eine Westkirche. Neben der schlichten Eleganz der Architektur sind die seltenen romanischen Wandmalereien bemerkenswert. Die mächtigen Türme wurden dagegen erst im 19. Jahrhundert errichtet.

Blaue Stunde an der Weser
bei Gieselwerder.

Entlang der Weser reihen sich Dörfer und Städte wie Perlen an einer Schnur im fruchtbaren Flusstal, umrahmt von üppig bewaldeten Bergen. In der Ferne ist Bodenwerder zu erkennen.

Stiftskirche Lippoldsberg

Die Kirche des ehemaligen Klosters Lippoldsberg dominiert auf einem natürlichen Schotterhügel auch heute noch das Tal. 1151 wurde sie über einem Vorgängerbau errichtet. Vor allem der Kirchenraum der dreischiffigen Basilika begeistert durch seine schlichte Erhabenheit. Ein halbes Jahrhundert früher entstand die niedrig gewölbte Nonnenkrypta mit ihren romanischen Würfelkapitellen auf gedrungenen Säulen, die die ganze Eleganz der Architektur des frühen 12. Jahrhunderts zeigt.

Das Weserbergland bietet neben kulturellen Sehenswürdigkeiten auch jede Menge Naturerlebnis.

Weniger typische Gäste sind diese Dromedare auf einer Wiese bei Gottsbüren.

Trendelburg

Die Trendelburg, in deren Türmen Rapunzel zuhause sein soll, steht auf einem nach drei Seiten hin 70 Meter steil abfallenden Bergrücken. Seit dem 13. Jahrhundert dienten Burgen an dieser Stelle dem Schutz der nahegelegenen Handelswege. Nachdem die Burg im Dreißigjährigen Krieg zerstört wurde, errichtete der Landgraf von Hessen 1676 an ihrer Stelle ein Jagdschloss, das heute so ganz der romantischen Vorstellung einer Burg entspricht. Seit 1949 wird die Trendelburg als Hotel und Restaurant genutzt. Der Solling ist ein beliebtes Ausflugsziel für Wanderer, mit dichten Wäldern, wildromantischen Lichtungen und gut erschlossenen Wanderwegen.

Uslar

Die Stadt Uslar im Solling begeistert durch eine Hauptstraße voller Fachwerkhäuser, deren Höhepunkt das Rathaus ist. Es wurde 1476 anstelle eines niedergebrannten Vorgängerbaus errichtet – allerdings noch ohne den kupfernen Uhrturm, der erst später aufgesetzt wurde. Die nächtliche Beleuchtung lässt die schwarzweißen Fachwerkfassaden in einem warmen, heimeligen Goldton erscheinen.

Im Schmetterlingspark in Uslar kann der Besucher exotische Schmetterlinge bewundern, im Tierpark im nahegelegenen Neuhaus die Tierwelt des Sollings fast hautnah in ihrer natürlichen Umgebung kennenlernen.

Der Solling ist ein beliebtes Ausflugziel für Wanderer, mit dichten Wäldern, wildromantischen Lichtungen und gut erschlossenen Wanderwegen.

Bad Karlshafen

Der Hauptbau der barocken Stadt ist das sogenannte Packhaus, auch „Altes Rathaus“ genannt. Landgraf Karl ließ es 1715–1718 errichten, um es bei Besuchen als repräsentative Unterkunft zu nutzen. Das davorliegende Hafenbecken bildet das Zentrum der bildschönen kleinen Stadt, war ursprünglich aber als Beginn eines schiffbaren Kanals nach Marburg gedacht, der jedoch nie gebaut wurde. Stattdessen lebte die Stadt zunächst von der Salzproduktion und seit dem 19. Jahrhundert vom Solebad.

Bad Karlshafen liegt am Dreiländereck von Hessen, Niedersachsen und Nordrhein-Westfalen. Die Stadt hat eine außergewöhnliche Gründungsgeschichte, denn sie entstand nicht einfach durch schrittweise Ansiedlung, sondern wurde in der Barockzeit planmäßig nach den damals neuesten Erkenntnissen der Stadtplanung angelegt. 1699 gründete Landgraf Karl von Hessen-Kassel die Stadt und siedelte dort aus Frankreich geflohene Hugenotten und Waldenser an, die dort wegen ihres protestantischen Glaubens verfolgt worden waren. Noch heute präsentiert sich die Stadt mit ihren eleganten, weißen Häusern als eine einmalig geschlossene Anlage barocker Stadtbaukunst. Typisch sind die symmetrischen Straßenzüge, die ebenso wie die Bebauung nahezu vollständig erhalten sind.

Helmarshausen und die Krukenburg

In Helmarshausen wurde schon 944 ein Königshof erwähnt. Bekannter aber war das mächtige Kloster, das heute bedauerlicherweise fast ganz verschwunden ist. Im frühen Mittelalter aber war die Reichsabtei mit ihrer Malschule und Goldschmiedewerkstatt über die Landesgrenzen hinaus bekannt. Das weltberühmte Evangeliar Heinrichs des Löwen wurde 1193 hier geschaffen. Ein Faksimile ist in der evangelischen Kirche ausgestellt.

Oberhalb von Helmarshausen erheben sich die Ruinen der romanischen Krukenburg, einer Kirchenburg. Die Anlage ist viel gewaltiger, als es der Blick von der Straße verspricht. 1107 entstand nach Plänen der Kapelle über dem Heiligen Grab in Jerusalem eine Bergkirche, die durch eine Burg geschützt wurde. 1215–1220 kamen weitere Befestigungen hinzu. 1338 wurde das „Paderborner Haus" hinzugebaut. Als 1538 das Kloster aufgelöst wurde und verfiel, verlor auch die Burg ihre Funktion. Doch auch als Ruine ist die Krukenburg noch imposant und bietet einen schönen Blick über das Wesertal.

Wülmersen

Das romantische Wasserschloss Wülmersen wurde seit dem 12. Jahrhundert durchgängig landwirtschaftlich genutzt. Aus dieser Zeit stammen auch die ältesten Gebäude. Mehrere Jahre dauernden und im Jahr 2005 abgeschlossenen Renovierungsmaßnahmen ist es zu verdanken, dass das Schloss nach Jahrzehnten des Verfalls nun im Rahmen des Ecomuseums Reinhardswald wieder genutzt wird.

Herstelle

Die Burg Herstelle ist keine Burg mehr im eigentlichen Sinne, sondern ein Herrensitz, der 1826–1830 erbaut wurde. Sie liegt trutzig über der Weser und ist heute in Privatbesitz. Karl der Große soll 797 etwa an derselben Stelle eine erste Burg gegründet haben, die ebenso wie spätere Burgen zerstört wurde. In der heutigen „Burg“ waren zu ihrer Zeit viele Gelehrte wie Annette von Droste-Hülshoff und die Brüder Grimm zu Gast. In manchen Jahren, wenn der Herbst das Laub färbt, stellt sich eine Art „Indian Summer“ im Weserbergland ein, vor allem im goldgelben Licht der sich senkenden Sonne.

Dramatische Abendstimmung.

Beverungen

Von der ehemaligen Wasserburg in Beverungen, die ab ca. 1332 zur Sicherung der Schifffahrt erbaut wurde, steht heute noch ein Rest des nach 1632 errichteten Nachfolgerbaus: Ein 17 Meter hoher Wohnturm hat sich bis heute erhalten.

Das Weserbergland bietet fast von jedem Berg einen atemberaubenden Fernblick über bewaldete Hügel und den abwechslungsreichen Flickenteppich bewirtschafteter Felder und Wiesen. Besonders imposant ist der Rundumblick vom Köterberg.

Fürstenberg

Um 1490 wurde in Fürstenberg auf den Fundamenten einer Burg das heutige Jagdschloss erbaut. Es steht auf dem zur Weser hin steil abfallenden Berg und erhebt sich weiß und langgestreckt über dem Fluss. 1747 gründete Herzog Carl I. von Braunschweig in seinem Schloss eine der ersten Porzellanmanufakturen Deutschlands, die noch am selben Ort besteht.

Heute beherbergt das Schloss ein Museum zur Geschichte des berühmten Fürstenberger Porzellans, in dem man auch sehen kann, wie das Porzellan bemalt wird. Im Verkaufsladen kann man sich nach Herzenslust in das „Weiße Gold“ verlieben.

Jedes zweite Jahr lädt Fürstenberg zum Commedia-dell'Arte-Fest ein, bei dem im Schlosshof Gaukler und kunstvoll verkleidete Gestalten eine ganz besondere, heitere Stimmung erzeugen. Damit wird an eine berühmte Porzellanfigurengruppe aus der Mitte des 18. Jahrhunderts erinnert, die die fünfzehn Figuren dieser traditionellen italienischen Gauklertruppe darstellte.

Höxter

An den Fernstraßen zwischen Bremen und Kassel und dem in Ost-West-Richtung verlaufenden bedeutenden Handelsweg Hellweg gelegen, kam das 822 erstmalig urkundlich erwähnte Höxter früh zu Reichtum, der sich heute noch in prächtigen Fachwerkhäusern spiegelt. Das schönste ist die sogenannte Dechanei, die 1561 als Adelssitz von Christof von Amelunxen gebaut wurde, der als Rittmeister des französischen Königs ein Vermögen erworben hatte.

Die fast 400 km lange Straße der Weserrenaissance, die von Hann. Münden bis nach Bremen führt, lädt auch in Höxter zur Besichtigung ein. Keine Reiseroute in Deutschland führt an einer größeren Anzahl von Renaissancegebäuden vorbei, die von beeindruckenden Schlössern aus Stein bis zu Rathäusern und Wohnhäusern aus Fachwerk reichen – die Mehrzahl davon liegt im Weserbergland. In Höxter finden sich einige Häuser, die zu den Gebäuden mit den aufwendigsten Schnitzereien gehören. Die Weserrenaissance verdankt ihre Entstehung nicht nur dem Reichtum der Region zwischen 1520 und 1620, sondern auch ihren weitreichenden Handelsbeziehungen. So erklärt sich die Übernahme italienischer Bauformen, aus denen ein eigener Stil mit den Materialien und Bildthemen der Region entstand.

Die Kilianikirche wurde in ihrer heutigen Form um 1100 erbaut. Vorgängerbauten gehen aber bis in das frühe 9. Jahrhundert zurück. Die Türme der Kirche sind nach dem älteren Westwerk Corveys ausgerichtet.

Figürliche Schnitzereien waren in Höxter besonders beliebt. Das thematische Spektrum reicht von Adam und Eva und der Kreuzigung bis zu sinnenfrohen Putten, Fantasieköpfen, Ranken und allerlei fantastischem Zierrat. Die Baumeister der Weserrenaissance konnten im Dienst reicher Kaufleute und Bürger in einem Formenreichtum schwelgen, den kein anderer Stil erreichte.

Im ehemaligen Adelshof, der in den letzten Jahren aufwendig restauriert wurde, erinnert seit 2008 eine Ausstellung an den jüdischen Künstler Jacob Pins.

Das Rathaus von 1613 hat in seinem Treppenturm ein Carillon, ein spielbares Glockenspiel mit 35 unterschiedlich großen Bronzeglocken, aus dem Jahr 1959. Fünfmal am Tag spielt es Lieder u. a. von Hoffmann von Fallersleben. Da die meisten Carillons während des Zweiten Weltkriegs eingeschmolzen wurden, gehört das Höxteraner Exemplar zu den ältesten in Deutschland erhaltenen und steht unter Denkmalschutz.

Typisch für die Weserrenaissance sind die geschnitzten und bunt gefassten Fächerrosetten. In den Zwischenräumen dienen stilisierte Neidköpfe, Säulen und Ornamente als zusätzlicher Fassadenschmuck.

Am Märchensonntag – an jedem zweiten Sonntag im Oktober – erzählen in der Hänsel-und-Gretel-Stadt Kasperle, Märchenerzähler und Frau Holle persönlich den Kindern in Höxter die schönsten Märchen und Geschichten.

Schloss Corvey

Corvey wurde als Ableger des mächtigen französischen Klosters Cluny 815 zunächst im Solling gegründet, 822 aber in die sehr viel freundlichere Weseraue verlegt. Der ursprüngliche Name lautete lateinisch „Nova Corbeia“. Schnell wurde es zu einem frühen religiösen und kulturellen Zentrum, von dem aus der Norden Deutschlands, aber auch Skandinavien missioniert wurde. Schon in der zweiten Hälfte des 9. Jahrhunderts konnte sich der Wallfahrtsort eine große Kirche an der Stelle der heutigen leisten, von der sich noch Teile im Westwerk und der Johanneschor erhalten haben. Bedeutend sind auch die Reste von Wandmalereien aus jener Zeit. Im Skriptorium des Klosters wurden kostbare Handschriften hergestellt. Ab 1000 verlor das Kloster zunehmend an Bedeutung. Im Dreißigjährigen Krieg wurde es zerstört und zwischen 1667 und 1750 als barocke Anlage mit einer 113 Meter langen Fassade wieder aufgebaut. Unter Napoleon wurde es Anfang des 19. Jahrhunderts säkularisiert und dient seitdem als Adelssitz.

Auch die Kirche wurde 1667–1671 neu gebaut, mit Ausnahme des berühmten Westwerks, das eines der ältesten Gebäude Norddeutschlands ist. Im Inneren überrascht sie mit einer einheitlichen barocken, farbenprächtigen Ausstattung, die heute noch nahezu vollständig zu bestaunen ist. Neben der Kirche befindet sich das Grab Hoffmanns von Fallersleben, des Dichters der Nationalhymne, der von 1860 bis zu seinem Tod 1874 Bibliothekar in Corvey war. Die ca. 70 000 Bücher umfassende Bibliothek ist noch heute im Schloss zu besichtigen.

Außerdem können im Schloss einige historische Räume besichtigt werden, die nach der Säkularisierung des Klosters zwischen 1820 und 1840 als adelige Wohnräume im Stil des Klassizismus und des Biedermeiers mit französischen Tapeten und Möbeln wohnlich und repräsentativ eingerichtet wurden.

Im barocken „Kaisersaal“, so benannt nach dem gemalten Figurenprogramm, finden regelmäßig Konzerte und Vorträge statt.

Holzminden

Eines der markantesten Gebäude in Holzminden, der „Stadt der Düfte“, wie sie aufgrund ihrer Aroma-Industrie auch genannt wird, ist neben dem großen Getreidespeicher an der Weser aus den 1930er Jahren das sogenannte Reichspräsidentenhaus aus dem Jahr 1929. Seit 1963 erklingt vom Turm ein Glockenspiel mit dem Meisterzug der Absolventen der Fachhochschule. Ein „duftender Stadtrundgang“ verführt nicht nur zum Riechen.

Tonenburg

Die mächtige Tonenburg mit ihren meterdicken Mauern bewahrt als Schutz- und Trutzburg die Umgebung seit 1315 vor Angriffen und Raubrittern. Nach einem langen Dornröschenschlaf herrscht seit einigen Jahren wieder Leben in den Gebäuden. Besonders unter Motorrad-, Rad- und Kanufahrern ist die Tonenburg ein beliebtes Ausflugsziel.

Köterberg

Der Köterberg, der „Brocken“ des Weserberglandes, ist mit 495,8 Metern ü. NN zwar nicht ganz der höchste Berg im Weserbergland, aber der mit der schönsten Aussicht. Von ihm aus kann man bis zum Harz und zum Habichtswald schauen. Kein Wunder, dass schon 1905 der erste Aussichtsturm auf seiner kahlen Kuppe gebaut wurde. Der Sage nach soll in seinem Inneren ein traumhafter Schatz verborgen sein.

Bevern

In dem kleinen Ort Bevern steht eines der imposantesten Schlösser der Weserrenaissance, in dem die italienischen Vorbilder des Stils noch deutlich zu spüren sind. Es wurde 1603–1612 als regelmäßige Vierflügelanlage um einen quadratischen Innenhof errichtet. Zwei Brücken ermöglichten den Zugang über den umgebenden Wassergraben. Seine Blütezeit hatte das Schloss zwischen 1667 und 1687, als es rauschende Feste erlebte. Heute ist es unter anderem ein Museum.

Der Innenhof des Schlosses bietet auf Türumrandungen und Erkern das typische Beschlagwerk der Weserrenaissance. Dabei ist keine Türumrandung wie die andere. Besonders reizvoll ist in Bevern die farbige Fassung der Fassade.

Marienmünster

Das ehemalige Benediktinerkloster Marienmünster verdeutlicht dem aus dem Tal Näherkommenden auch heute noch, welchen gigantischen Eindruck Kirchen im Mittelalter auf die Zeitgenossen gemacht haben müssen. Das Kloster wurde ab 1150 im Stil der Romanik erbaut und im 17. Jahrhundert erheblich umgebaut. Die imposanten Westtürme wurden 1854/55 nach dem Vorbild der Kilianikirche in Höxter im Stil der Neorenaissance erneuert. In der Kirche befindet sich eine berühmte Orgel von Johann Patroclus Möller aus den Jahren 1736–1738, auf der auch heute noch Konzerte gespielt werden.

Zu jeder Jahreszeit ein imposantes Zeichen alter kirchlicher Macht.

Dräuende Wolken über sonnendurchfluteten Äckern, auch das ist das Weserbergland, wie hier in der Nähe von Holzminden.

Polle

Einen fantastischen Blick über die Weser bietet der Bergfried der Burgruine Everstein in Polle. Die Burgruine Polle liegt an der Märchenstraße, die von der Sababurg über Oberweser, Polle, Bodenwerder und Höxter bis nach Hameln verläuft. In der Saison kann man hier leicht dem Aschenputtel begegnen.

Die 1285 erbaute Burg wurde bereits im Dreißigjährigen Krieg zerstört. Sie geriet dann 1945 noch einmal durch heranrückende US-Truppen unter Beschuss. Am Fuß der Burg setzt eine Weserfähre Autos und landwirtschaftliche Fahrzeuge über den Fluss. Auch Radfahrer und Motorräder, die viel und gerne im Weserbergland unterwegs sind, nutzen diesen ebenso romantischen wie praktischen Service.

Stroit

Die Haubenwindmühle in Stroit steht seit 1850 an ihrem Platz. Sie ist mit 240 Metern ü. NN. die höchstgelegene Windmühle im südlichen Niedersachsen. Seit 1985 kümmert sich ein Verein um den Erhalt der 22 Meter hohen Mühle.

Auf den Bergen entlang der Weser gibt es zahlreiche alte Aussichtspunkte, von denen der Blick weit über die Landschaft schweifen kann, wie hier vom Senator-Meyer-Denkmal zwischen Polle und Bodenwerder.

Für Motorbootbegeisterte ist die Weser ein kleines Paradies.

Freizeitaktivitäten

Ein gutes Stück entlang der Weser führt der Europa-Radweg R1, der es ermöglicht, 3500 km von der nordfranzösischen Atlantikküste bis nach St. Petersburg zu radeln. Sein flaches Profil, die Sehenswürdigkeiten an seinem Verlauf und die atemberaubend schönen Landschaften machen ihn zu Europas längstem und beliebtestem Radweg.

Das Weserbergland bietet eine ganze Reihe von Freizeitaktivitäten. Neben Wandern und Radfahren ist jede Art von Wassersport beliebt, ganz gleich, ob er motorisiert oder mit Muskelkraft betrieben wird.

Die Nähe zum Fluss macht die Campingplätze besonders beliebt. Kaum ein Ort entlang der Weser lädt nicht auf diese Weise Wohnmobilisten und Camper zum Verweilen ein.

Einbeck

Einbeck wurde im Mittelalter reich, weil es an sich kreuzenden Fernhandelsstraßen lag. Bekannt wurde es schon im 14. und 15. Jahrhundert als Heimat des Bockbiers. Nachdem Einbeck in der ersten Hälfte des 16. Jahrhunderts mehrfach abgebrannt war, hatte es seitdem Glück. Es haben sich ganze Straßenzüge mit dekorativen alten Fachwerkhäusern erhalten. Insgesamt sind es mehr als vierhundert Fachwerkhäuser, von denen 120 noch aus gotischer Zeit stammen, die übrigen aus der Renaissance. Ein Gang durch die Stadt, entlang an geschlossenen Reihen alter, schön restaurierter Fachwerkhäuser, ist wie eine Zeitreise, die einen Eindruck vom Aussehen der Städte im 16. und 17. Jahrhundert vermittelt. Das 1566 erbaute Rathaus von Einbeck ist mit seinen drei breiten, ungewöhnlich kurzen Türmen das Wahrzeichen der Stadt. Ein bisschen sieht es aus, als hätten die Ratsherren sich nicht recht getraut, hohe Türme zu bauen. Allerdings machen gerade diese breiten, Zwerchhäusern ähnelnden Türme die Einmaligkeit des Rathauses aus.

Von besonderer Einmaligkeit ist das nach einem früheren Besitzer benannte Eickesche Haus von 1612 mit seinen mehr als zweihundert figürlichen Schnitzereien, Ornamenten und Spruchtafeln. Dargestellt ist der Wissenskanon des humanistischen Gelehrten um 1600: Der Betrachter kann Christus entdecken, die Evangelisten, die Apostel, die Tugenden, die Musen, die Planetengottheiten und die freien Künste, dazu Hermen, Masken, Frauenköpfe, Putten, Tiere und Blattwerk. Das Haus wirkt heute wie ein übergroßes Renaissancemöbel. Der Einbecker mag bedauern, dass die bunte Farbfassung der Fassade bei der letzten Sanierung abgenommen wurde, aber die ersten dreihundert Jahre stand es so unbemalt, wie es sich heute präsentiert.

Alfeld

Die ehemalige Lateinschule in Alfeld gehört zu den prächtigsten Fachwerkgebäuden der Weserrenaissance. Ungewöhnlich ist der gleichmäßig umlaufende, reiche Schmuck des freistehenden Gebäudes. Die vielen geschnitzten Bilder mit ihrem Figurenprogramm stellen ein umfassendes Bild des Wissens und der Lehrinhalte in der Zeit der Spätrenaissance um 1610 dar. Neben verschiedenen biblischen Personen finden sich unter anderem die Allegorien der sieben freien Künste.

Als Walter Gropius das Faguswerk in Alfeld entwarf, schrieb er Architekturgeschichte. Der einfache, schlichte Baukörper und die moderne, tragende Eisenkonstruktion mit den davorgehängten Fensterwänden waren richtungsweisend für die Architektur der Moderne und des Bauhauses. Bemerkenswert ist, dass in dem Werk heute wie damals täglich gearbeitet wird. Ein Museum feiert aber auch die unveränderte Einzigartigkeit dieser zeitlos modernen Architektur.

Bodenwerder

Ursprünglich lag Bodenwerder auf einer Insel im Fluss, erst als die alten Befestigungsanlagen abgerissen wurden, entstand die heutige Anlage. Die Stadt Bodenwerder steht ganz im Zeichen ihres bekanntesten Sohnes, des berühmten Lügenbarons Freiherr Hieronymus von Münchhausen, der hier 1720 geboren wurde. Sein ehemaliger Gutshof, das heutige Rathaus, bietet noch heute die Kulisse für die Fabulierkunst des Lügenbarons. Im Sommer gibt sich der Baron sonntags höchstselbst die Ehre und erzählt den staunenden Besuchern seine unglaublichen Abenteuer.

Auf Schritt und Tritt begegnet man dem Lügenbaron – auch als Schauspieler.

Die berühmtesten Abenteuer Münchhausens finden sich in Bronze gegossen oder auf Wände gemalt rund um das Rathaus. Wie man sieht, faszinieren die Geschichten des Barons auch heute noch Jung und Alt.

In der Altstadt von Bodenwerder finden sich viele idyllische Winkel neben beeindruckenden Fachwerkhäusern und Resten der mittelalterlichen Stadtbefestigung.

Schloss Hämelschenburg

Schloss Hämelschenburg gilt als Hauptwerk der Weserrenaissance. Das imposante Schloss aus gelbem Wesersandstein wurde zwischen 1588 und 1618 als Wasserschloss unmittelbar am Ufer der Emmer erbaut, um Zölle von den querenden Straßen zu erheben. Der findige Erbauer Jürgen Klencke hatte sein Vermögen vor allem als Söldner verdient, und zur Wiedergutmachung für seinen gewalttätigen Lebenswandel – vor allem mit Blick auf sein Seelenheil – wurden im Schloss Pilger auf dem langen und beschwerlichen Weg ins spanische Santiago de Compostela untergebracht und verköstigt.

Die steinerne Fassade ist über und über mit dem typischen Beschlagwerk verziert. Keine Handbreit blieb unverziert. Das märchenhafte Schloss mit dem idyllischen Innenhof und seinem baumbestandenen Teich ist als Hochzeitskulisse beliebt. In der Sommersaison können historische Räume besichtigt werden.

Frühherbstliche Impression am Weserufer.

Bad Pyrmont

Bad Pyrmont ist eines der traditionsreichsten Bäder Deutschlands. Schon die Römer und Germanen kannten und nutzten die Heilquellen, wie archäologische Funde beweisen. Im Kurpark steht das Pyrmonter Schloss. 1705 wurde anstelle eines im Dreißigjährigen Krieg zerstörten Renaissanceschlosses eine Sommerresidenz im Stil des barocken Klassizismus erbaut. Ab 1723 kamen die Kavaliershäuser und ein kunstvoller barocker Garten hinzu. Die Innenhöfe des Schlosses werden heute für vielfältige Open-Air-Veranstaltungen genutzt.

Bemerkenswert ist auch die Bäderarchitektur aus der Zeit um 1900.

1923–1924 wurde der Brunnentempel „Hylliger Born“ mit angrenzender Wandelhalle gebaut. Die Geschichte des „Hylligen Borns“ reicht bis in das 16. Jahrhundert zurück. Angeblich sollte dessen „heiliges“ Wasser jedes Leiden heilen können. Diese Nachricht sorgte für einen kräftigen Strom von Heilungssuchenden, so dass 1556–1557 10 000 Leidende aus ganz Europa die Gegend überschwemmten und in den umliegenden Wäldern kampieren mussten.

Der Kurpark ist bekannt für seinen Palmengarten, der die größte Palmenfreianlage Nordeuropas beherbergt. Dreihundert Palmen und vierhundert subtropische Gewächse geben sich alle Mühe, den dort Wandelnden ans Mittelmeer zu versetzen.

Schwalenberg

Schwalenberg ist heute ein malerisches kleines Städtchen. 1225 gründete Graf Volkwin III. von Schwalenberg, der aus der Familie der berüchtigtsten Raubritter Norddeutschlands stammte, die Burg oberhalb des heutigen Ortes Schwalenberg. 1627–1628 wurde die Burg im Stil der Spätrenaissance umgebaut. Seit 1960 dient sie als Hotel.

Das heutige Museum, früher das Rathaus von Schwalenberg, ist ein imposanter, farbenfroher Fachwerkbau von 1509. Hinter der Laube mit ihren Rundbögen befand sich ehemals eine offene Verkaufshalle. 1603 wurde das Gebäude links erweitert, 1907 erfolgte der rechte Anbau, der die Fächerrosetten, das Rankenornament und Beschlagwerk der Weserrenaissance aufnimmt. Ein nicht mehr bewirtschaftetes Gebäude, die „Malerklause", erinnert in ihrer buntbemalten Fassade noch daran, dass Schwalenberg am Anfang des 20. Jahrhunderts viele Künstler beherbergte.

Lügde

Lügde überrascht mit einem der am besten erhaltenen Stadtkerne in Nordrhein-Westfalen. Die Fachwerkhäuser wurden nach einem verheerenden Brand 1797 gebaut und sind als Ensemble weitgehend erhalten. Vor der um 1150 errichteten Stadtmauer wurde etwa fünfzig Jahre später die mächtige St. Kilianskirche erbaut, deren Vorgängerbauten bis in die karolingische Zeit um 780 zurückgehen, womit sie zu den ersten Kirchen im damals noch heidnischen Sachsenland gehörte. In der Kirche befindet sich noch heute die sogenannte Scharfrichterbank des letzten Scharfrichters von Lügde.

Weit über die Grenzen des Weserberglandes bekannt ist Lügde für den Osterräderlauf, bei dem am Ostersonntag in der Dunkelheit hölzerne, mit Stroh gefüllte Räder brennend den Hang hinuntergerollt werden. Der Brauch geht auf einen uralten heidnischen Frühlingskult zurück.

Hameln

Die Rattenfängerstadt Hameln ist heute touristisch, aber auch wirtschaftlich das Zentrum des Weserberglandes. Schätzungsweise eine Milliarde Menschen weltweit kennen die Sage vom buntgekleideten Rattenfänger, der 1284 mit seinem Flötenspiel die Ratten und Mäuse aus der Stadt lockte. Als die Bürger ihm danach jedoch den versprochenen Lohn verweigerten, kehrte er zurück und lockte mit seinem Flötenspiel 130 Kinder aus der Stadt und in einen Berg. Sie wurden nie mehr gesehen. Außer bei dem sonntäglichen Rattenfängerspiel von Mai bis September begegnet man dem Rattenfänger auch an anderen Tagen in der Stadt, wie hier vor der reich ornamentierten Fassade des Rattenfängerhauses von 1603.

Hameln war im 16. Jahrhundert die reichste Stadt im Gebiet der Weserrenaissance. Kein Wunder, dass hier auch die prächtigsten steinernen Häuser entstanden. Das 1610–1617 erbaute Hochzeitshaus diente der reichen Stadt als Fest- und Feierhaus. Es ist ganz aus Stein gebaut und in der Fassade über und über mit Beschlagwerk überzogen. Teurer und repräsentativer konnte man im 16. Jahrhundert nicht bauen. Ein am Giebel angebrachtes Glockenspiel mit Figurenumlauf spielt das Rattenfänger- und das Weserlied.

Fantasie und Baukunst scheinen in Hameln an keine Grenzen zu stoßen. Jeder am Handel reich gewordene Bürger wollte seinen Nachbarn mit mehr und großartigerem Bauschmuck übertrumpfen.

Das Dempterhaus von 1607 scheint mit einem feinen Ornamentnetz überzogen zu sein.

Das Leisthaus von 1685–1689 besitzt einen besonders prächtigen Erkergiebel. Im Inneren befindet sich heute das Stadtmuseum. In Hameln zeigt die Weserrenaissance ihr ganzes Spektrum original italienischer Motive und regionaler Vorlieben: Pyramiden, Obelisken, Kugelbesatz, Diamant- und Kerbschnitt, Schmuckleisten mit Inschriften, Wappen, Masken und Neidköpfe. Wie es ein Gelehrter sagte: „Die Weserrenaissance ist die norddeutsche, liebenswürdige Variante eines ernsten italienischen Themas.“

Das Wilhelm-Busch-Haus wartet noch darauf, wieder wachgeküsst zu werden. Das Haus aus der Mitte des 16. Jahrhunderts wurde gegen 1850 renoviert und mit einer Utlucht versehen. Die Inschrift erinnert daran, dass Wilhelm Busch 1847 im Haus zu Gast war, nachdem seine Verwandtschaft hier eingeheiratet hatte.

Die Schleuse in Hameln wird heute nur noch selten für Frachtschiffe gebraucht. Früher gab es am Hafen auch eine Werft, und noch vor vierzig Jahren fuhren regelmäßig Binnenschiffe. Heute nutzen den Hafen vor allem Sport- und Hausboote sowie die Dampferflotte.

Romantische Abendstimmung.

Brake

1587–1592 als Residenz der Grafen zur Lippe erbaut, ist in Schloss Brake seit 1986 das Weserrenaissance-Museum untergebracht. Auf dem Gelände haben sich die Domäne, drei historische Mühlen und ein Waschhaus erhalten. Der Bauherr Graf Simon VI. war ein Gelehrter, der sich als Gesandter oft am Prager Königshof, dem damaligen Zentrum der Kunst und Gelehrsamkeit, aufhielt und mit den neuesten Kunstströmungen und Gelehrtenwissen vertraut war. Vom Turm des Schlosses aus beobachtete er in Brake die Sterne. Ursprünglich war die Anlage geschlossener, aber der Westflügel wurde im 19. Jahrhundert abgebrochen.

Wappen im Innenhof.

Auch das ist der Winter im Weserbergland.

Im Winter sind die dichten Wälder malerisch schön verschneit. Zu dieser Zeit, aber auch in den anderen Jahreszeiten, bietet das gut ausgebaute Wanderwegenetz in den Wäldern des Weserberglandes klare Luft und Naturerlebnis pur.

Lemgo

Schon am Namen entzündet sich die Fantasie: Das Hexenbürgermeisterhaus, heute Stadtmuseum, mit seiner 1571 errichteten Fassade verdankt seinen Namen allerdings keinem Märchen. Der Name erinnert vielmehr an einen Juristen und Bürgermeister, der in seiner Amtszeit unerbittlich Hexen jagte.

Einmalig ist das Junkerhaus. Der Lemgoer Architekt, Maler und Holzbildhauer Karl Junker (1850–1912) baute dieses Fachwerkhaus, das innen wie außen über und über mit Schnitzwerk überzogen ist. Nicht nur das Haus ist komplett aus Holz gebaut und vom Künstler erfunden, sondern auch die Möbel im Inneren, die das Gebäude zu einem einzigartigen Gesamtkunstwerk machen, das eher an ferne Länder als einheimisches Handwerk erinnert.

Der Alte Markt in Lemgo mit dem Rathaus gehört zu den schönsten Plätzen im Weserbergland. Die Stadt Lemgo trat schon 1295 der Hanse bei und kam zu Wohlstand. Dieser zeigt sich im Rathaus, das auf der Weltkulturerbeliste der UNESCO steht. Die ältesten Teile stammen von 1325, der mittlere Westgiebel wurde 1480–1490 angebaut, 1565 folgte die Ratslaube. Ein Höhepunkt der Weserrenaissance ist der Apothekererker von 1612 mit seinen kostbaren Steinmetzarbeiten. Dort sind zehn Weise (u. a. der Arzt, Naturforscher und Philosoph Paracelsus) abgebildet. 1550 hatte die Stadt die erste und einzige Apotheke des Landes Lippe eingerichtet, die von zwei Apothekerherren im Rat beaufsichtigt wurde.

Früher dienten die Gradierwerke der Salzgewinnung. Später erkannte man, dass der Aufenthalt in der feuchten, salzhaltigen Luft gut für die Atemwege ist. Heute kann der Besucher noch an 300 Metern Gradierwerk und erfrischender, salzgeschwängerter Luft vorbeigehen.

Bad Salzuflen

Bad Salzuflen wurde schon im Mittelalter reich durch Salzhandel. Die hiesige Sole diente zur Gewinnung des Salzes. Salz war damals kostbar, nicht nur als Gewürz. Einsalzen oder Pökeln stellte – neben dem Räuchern – die einzige Möglichkeit dar, Fleisch und Fisch haltbar zu machen. Dieser dem Salz zu verdankende Reichtum der Stadt spiegelt sich im 1547 erbauten steinernen Rathaus mit seinem erhöhten Blendgiebel. Mitte des 19. Jahrhunderts kam der Treppenaufgang im damals beliebten neugotischen Stil hinzu.

Im Kurpark markiert ein 1906 gebauter Rundtempel den Leopoldsprudel. Seit die warme Quelle in 534 Meter Tiefe erschlossen ist, darf sich Bad Salzuflen Thermalbad nennen. Der Kurpark mit seinem alten Baumbestand geht in einen ausgedehnten Landschaftspark über.

Der Katzenturm ist Teil der die Stadt umgebenden Ringmauer aus dem 13. Jahrhundert.

Rinteln

Der ehemaligen Universitätsstadt Rinteln ist ihre frühere Bedeutung noch in den erhaltenen historischen Gebäuden anzusehen. Seine erste Blüte erlebte Rinteln im Hochmittelalter. Noch heute kann man auf dem Stadtplan die überraschend planmäßige Anlage der Stadt von 1230 sehr gut nachvollziehen. An dem historischen Marktplatz liegt das ehemalige Rathaus, das in seinem Kern aus dem 13. Jahrhundert stammt. Es wurde im 16. Jahrhundert umgebaut und im Weserrenaissancestil erweitert. Im Hintergrund erhebt sich die stadtbildprägende Kirche St. Nikolai.

Reichverziertes Fachwerkhaus aus der Spätrenaissance in der Brennerstraße.

Überraschend stößt man auf dem Friedhof auf einige Mausoleen im Stil der Antike.

Ganz früher ein vertrautes Bild, dann aufgrund des Salzeintrags durch die Werra zu Zeiten der DDR vermisst: Die in der Wasserqualität deutlich verbesserte Oberweser führt seit einigen Jahren in kalten Wintern wieder Eisschollen.

Möllenbeck

Kloster Möllenbeck mit seinem mächtigen quadratischen Baukörper gehört zu den am besten erhaltenen spätmittelalterlichen Klosteranlagen Deutschlands. Die Kirche wurde zwischen 1478 und 1505 an der Stelle eines niedergebrannten Vorgängerbaus errichtet. Sie war damit der letzte große spätgotische Sakralbau des Weserberglandes. Vom Vorgängerbau aus dem 10. Jahrhundert blieben die beiden mächtigen, runden Türme und die Krypta erhalten. Gegründet wurde das Kloster allerdings schon 896 als Benediktinerinnenstift. Die Innenausstattung der heutigen dreischiffigen Hallenkirche wurde im 19. Jahrhundert erneuert.

Bückeburg

Bückeburg war bis 1918 Residenzstadt des Fürstentums Schaumburg-Lippe. Die Stadtkirche von Bückeburg mit ihrer imposanten Fassade ist die einzige Kirche im Stil der Weserrenaissance. Sie wurde 1611–1615 erbaut. Die lateinische Inschrift an der Fassade heißt übersetzt: „Ein Beispiel der Religion, nicht der Architektur." Das Innere der Kirche wurde mehrfach umgestaltet. Bemerkenswert ist das bronzene Taufbecken von Adrian de Vries von 1613.

Das Bückeburger Schloss ist die beeindruckendste Residenz im Weserbergland. 1544–1576 wurde es aus einer alten Burg gebaut. Seit 1615 diente es als Residenz und wurde schrittweise weiter ausgebaut. Die Anlage erhielt das monumentale Schlosstor und den prächtigen Goldenen Saal mit der sogenannten Gottespforte im Schlossinneren, die zu den Höhepunkten der Weserrenaissance gehören. Besonders sehenswert ist auch die Schlosskapelle.

Seit 2004 beherbergt der Marstall des Schlosses eine von nur weltweit vier Hofreitschulen, die regelmäßig Vorführungen veranstaltet.

Ansicht vom 40 Hektar großen Schlosspark. Im Park befindet sich das Mausoleum des Fürstenhauses aus den Jahren 1911–1915. Es hat mit 500 qm die größte Goldkuppel Europas und Mosaiken in unglaublichen 1400 verschiedenen Farbtönen.

Stadthagen

Einzigartig ist das Mausoleum in Stadthagen, das nach 1619 über siebeneckigem Grundriss an die Ostwand der Kirche St. Martini aus dem 13. Jahrhundert angebaut wurde. Der italienische Architekt Giovanni Maria Nosseni verkleidete die Innenwände des Mausoleums aufwendig mit verschiedenfarbigem Marmor. Der Sarkophag mit den Bronzefiguren, die die Auferstehung Christi darstellen, wurde von dem berühmten Bildhauer Adrian de Vries am Kaiserhof in Prag geschaffen und unter anderem per Schiff über die Moldau und die Elbe nach Stadthagen gebracht.

Den Marktplatz von Stadthagen dominiert das von 1595 bis 1602 im Stil der Weserrenaissance erbaute Rathaus. An seiner Rückseite prangt eine Reliefplatte mit einem trinkenden Affen – eine bemerkenswerte allegorische Darstellung des Lasters der Völlerei aus gotischer Zeit. Daneben gibt es reichverzierte Bürgerhäuser mit eindrucksvollen Fachwerkschnitzereien, und in der Mitte des Marktes findet sich das einzig erhaltene steinerne Bürgerhaus, erbaut um 1610. Im 19. Jahrhundert war darin ein Brauereiausschank untergebracht, in dem auch der im nahen Wiedensahl geborene Wilhelm Busch nachweislich mehrmals einkehrte.

Die 1553 erbaute Amtspforte beherbergt heute das Heimatmuseum.

Sehenswert ist auch das große Schloss im Stil der Weserrenaissance, das heute als Finanzamt dient. Daneben befindet sich ein kleiner, historisierender Park mit einem romantischen See.

Bad Oeynhausen

Bad Oeynhausen wurde erst 1848 gegründet, entwickelte sich aber schnell zu einer bedeutenden Kurstadt. Die große Zeit des mondänen Kur- und Bäderbetriebs um 1900 spiegelt sich noch in einer Reihe großartiger Gebäude wie dem ehemaligen Kurhaus, „Kaiserpalais" genannt. Der imposante Kurpark wurde Mitte des 19. Jahrhunderts nach Plänen des berühmten preußischen Gartenarchitekten Peter Joseph Lenné angelegt. Am Rande des Kurparks befindet sich in einer alten Villa das Deutsche Märchen- und Wesersagenmuseum.

Das Badehaus II wurde 1885 gebaut, als das mondäne Kuren einen ersten Höhepunkt erreichte.

Die Wandelhalle entstand 1926 als Abschluss der großen Bauvorhaben im Kurpark. Der Jordansprudel im Kurpark ist dank seiner 6000 Liter pro Minute die stärkste Thermalquelle Europas.

Aqua Magica heißt der Platz der magischen Wasser, der 1997 von den französischen Landschaftsarchitekten Henri Bava und Olivier Philippe entworfen und zur Landesgartenschau im Jahr 2000 eröffnet wurde. Von Fachleuten wird er als „Park des 21. Jahrhunderts" bezeichnet. Die Hauptattraktion des 20 Hektar großen Landschaftsparks ist der Wasserkrater, in den man unterirdisch hineingehen kann.

Porta Westfalica

Die Porta Westfalica, das Tor nach Westfalen, markiert geologisch und topographisch das Ende des Weserberglandes. Das enge Durchbruchstal der Weser trennt das Wiehengebirge im Westen vom Wesergebirge im Osten.

An der Ostflanke des Wittekindsberges erhebt sich seit 1892 das Kaiser-Wilhelm-Denkmal. Die preußische Provinz Westfalen errichtete es in der nationalistisch geprägten Gründerzeit, zwanzig Jahre nach der Gründung des Kaiserreichs, für 300 000 Mark. Das 88 Meter hohe Denkmal ist auch aus großer Entfernung zu erkennen. Vom Denkmal aus bietet sich ein schöner Blick auf die sich anschließende Norddeutsche Tiefebene.

Minden

Schon im frühen Mittelalter profitierte Minden von seiner Lage an sich kreuzenden Handelsstraßen. Sitz eines Bistums war die Stadt schon seit der Zeit um 800, als Karl der Große sie dazu machte. 1915 wurde der Mittellandkanal von Dortmund bis Minden in Betrieb genommen, der in Minden über eine Trogbrücke die Weser überquert, und zunächst bis Hannover, seit 2003 bis Magdeburg führt. Der trutzige Dom zeugt noch heute von der frühen Blüte der Stadt im 12. Jahrhundert. Zu diesem Zeitpunkt war Minden schon fast 400 Jahre alt. 1945 wurde der Dom fast völlig zerstört, stilberuhigt ist er danach wiederaufgebaut worden.

Neben dem gotischen Rathaus, einem der ältesten erhaltenen Rathäuser aus der Zeit um 1250, finden sich weitere sehenswerte Häuser auf dem gemütlichen Marktplatz, der im Sommer mit seinen Straßencafés zum Verweilen einlädt.

Die Alte Münze ist das älteste Steinhaus Westfalens. Seinen Namen verdankt das im Kern romanische Gebäude mit seinem gotischen Staffelgiebel reichen archäologischen Münzfunden. Da zur Münzherstellung aber fließendes Wasser gebraucht wurde, war das Haus wohl früher nicht die Münze, sondern – nachweislich auf jeden Fall im 14. bis 16. Jahrhundert – die Wohnung der Mindener Münzmeister.

Romantisch steht am linken Weserufer die Fischerstadt, deren älteste Siedlungsspuren in vorkarolingische Zeit reichen. Der alte Raddampfer „Wappen von Minden“, der davor seinen Anleger hat, ist der einzige auf der Weser betriebene Raddampfer.